PFERDE NATÜRLICH HEILEN

TIPS FÜR DEN UMGANG MIT NATÜRLICHEN HEILMETHODEN

von
Christopher Day

Illustrationen von
Carole Vincer

CADMOS

Titel der Orginalausgabe:
Christopher Day, Natural Remedies
Threshold Picture Guide Nr. 35

Aus dem Englischen übertragen von
Susanne E. Müller

Bearbeitet von
Katja Meffert, Tier-Heilpraktikerin

Verlag und Bearbeiter machen darauf aufmerksam, daß alle Heilverfahren aus diesem Buch nur nach Absprache und unter Hinzuziehung eines Tierarztes oder seriösen Heilpraktikers angewendet werden sollten. Dieses Buch soll einen Überblick über die gängigen Heilverfahren geben, keinesfalls soll es eine Behandlungsanleitung für Laien sein. Der Verlag lehnt deshalb jegliche Haftung für eventuelle Unrichtigkeiten ab.

Cadmos Verlag GmbH
Kavalkade-Ratgeber Nr. 8
Für die deutschsprachige Ausgabe

Umschlagentwurf: Ravenstein Brain Pool

Printed in Germany

ISBN 3-86127-213-x

INHALT

PFERDE NATÜRLICH HEILEN

TIPS FÜR DEN UMGANG MIT NATÜRLICHEN HEILMETHODEN

Einführung

Die Lebensweise unserer heutigen Pferde ist mit der ihrer Vorfahren nicht mehr zu vergleichen. Die meisten unserer domestizierten Pferde leben unter unnatürlichen Bedingungen und werden in der Regel auch zu irgendeiner Form der Arbeit herangezogen. Dies führt leider häufig zu Erkrankungen.

Dieses Buch versucht nicht nur, die schädlichen Auswirkungen der modernen Haltungsweise, Ernährung und Arbeit in Grenzen zu halten, es informiert auch über Naturheilmittel, die sich schon bei vielen Erkrankungen der Pferde als heilend oder zumindest hilfreich erwiesen haben.

Dieses Buch soll dem Pferdehalter helfen, viele der bei Pferden vorkommenden leichten Erkrankungen schnell zu erkennen, Erste-Hilfe-Maßnahmen vorzunehmen oder zumindest die Beschwerden zu lindern.

Jeder Pferdehalter sollte in der Lage sein, die Krankheiten zu erkennen und mit natürlichen Heilmethoden seiner Wahl zu behandeln. Dieses Buch informiert über verschiedene Naturheilverfahren, darunter Homöopathie, Kräuterheilkunde, Bachblütentherapie, die Anwendung ätherischer Öle und andere. Die Akupunktur ist nicht beschrieben, denn sie ist eine Heilmethode, deren Anwendung ausschließlich dem Fachmann vorbehalten ist.

Ein wichtiger Aspekt der Gesunderhaltung des Pferdes ist seine Ernährung, die aus diesem Grund ebenfalls Erwähnung findet. Natürliche Heilmethoden fördern zwar die Genesung, doch eine ausgewogene Fütterung ist der Schlüssel zur Gesundheit und beschleunigt natürlich auch den Heilungsprozeß.

Dieses Buch richtet sich an alle, denen die Gesundheit ihrer Pferde am Herzen liegt und die in der Lage sein möchten, im Krankheitsfall schonend aber wirksam einzugreifen. Auf keinen Fall soll dieses Buch den Tierarzt ersetzen, der bei schweren Erkrankungen oder Verletzungen natürlich umgehend gerufen werden muß. Neben den Tierheilpraktikern beschäftigen sich auch zunehmend Tierärzte mit diesen Behandlungs- und Heilmethoden. Fragen Sie nach, wer diesen Heilmethoden offen gegenübersteht oder sie möglicherweise selbst praktiziert.

FÜTTERUNGSTIPS

Das domestizierte Pferd hat sich im Laufe von ungefähr 45 Millionen Jahren von einem nur hundegroßen Blätterfresser aus dem Eozän zu einem großen, schnellen und kräftigen Steppenbewohner entwickelt, der sich überwiegend von Gras, Kräutern und faserreichen Pflanzen ernährt.

Die Zähne und das Verdauungssystem haben sich im Laufe dieses langen Zeitraums auf die Verwertung dieses faserreichen Futters umgestellt. Die Zähne sind zu kraftvollen Mahlwerkzeugen geworden, die selbst grobe Stengel zerkleinern, bevor sie in den Magen gelangen. Von dort aus wird das Futter erst in den Dünndarm, dann in den Dickdarm befördert, wo es mit Hilfe von Verdauungssäften und Mikroorganismen in seine Bestandteile zerlegt wird.

Pferde sollten so naturnah wie möglich ernährt werden. Gemahlene Getreiderückstände, künstliche Vitamine, Rübenschnitzel, Melasse, andere Rückstände aus der Zuckerherstellung und chemische Konservierungsstoffe haben im Pferdefutter nichts zu suchen, weil sie die natürliche Darmflora stören können. Zusatzfuttermittel sind selten nötig; sollen sie aber trotzdem eingesetzt werden, müssen sie zur Grundfutterration passen, um die Ausgewogenheit der Ernährung zu gewährleisten.

Das gesündeste Futter finden Pferde auf einer möglichst naturbelassenen Weide mit vielen Kräutern oder im Heu von einer solchen Wiese. Der Einsatz von Kunstdünger ist zu vermeiden. Wer zufüttern will, sollte möglichst naturbelassene Futtermittel wie Hafer, Gerste, Weizenkleie oder ähnliches wählen. Am besten ist es natürlich, wenn diese Futtermittel zudem noch aus biologischem Anbau stammen. Viele Krankheiten, sowohl körperliche als auch seelische, können durch eine korrekte Fütterung entscheidend beeinflußt werden. Wenn die Ernährung nicht stimmt, kann auch die beste Medizin nicht helfen!

Hufbeschlag und Sattelung

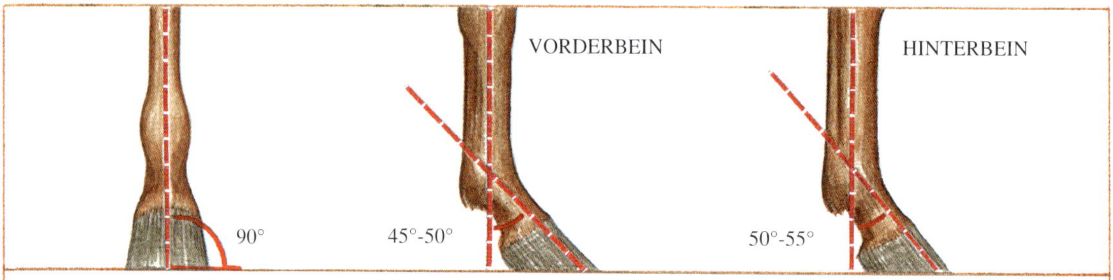

Korrekt stehender Huf mit 90°-Winkel zwischen Zehenachse und Boden.

Im Idealfall stehen Vorderfessel und -huf in einem Winkel von etwa 45° zum Boden.

Im Idealfall stehen Hinterfessel und -huf in einem Winkel von etwa 50° zum Boden.

Sattel und Geschirr können ebenso wie ein guter Hufbeschlag die Gesundheit des Pferdes entscheidend beeinflussen, was natürlich immer auch von der verlangten Arbeit abhängt.

Pferdebeine sind so konstruiert, daß sie sich nach vorn und hinten bewegen können, Abweichungen zur Seite aber nur schlecht vertragen. Aus diesem Grund ist es wichtig, stets auf die Hufform zu achten, sowohl auf die Länge der Zehe als auch auf Abweichungen des Hufhorns zur Seite. Die Hufe müssen regelmäßig ausgeschnitten und so beschlagen werden, daß das Pferd stets flach auffußen kann. Dazu muß die gedachte Fallinie durch das Vorderbein in einem Winkel von 90° auf den Boden treffen.

Der Sattel muß so angepaßt werden, daß die Sitzfläche waagerecht ist, wenn der Sattel richtig liegt (d.h. weit genug hinten, um die Bewegungsfreiheit der Schultern nicht einzuschränken). Von hinten betrachtet soll der Sattel absolut gerade auf dem Pferderücken liegen, und die Sattelkammer muß weit genug geschnitten sein, damit die Muskeln am Widerrist ungehindert arbeiten können.

Der Sattel darf auf keinen Fall auf dem knochigen Teil des Widerrists aufliegen, und er sollte auch in der Bewegung fest liegen und keinesfalls wippen oder rutschen. Natürlich müssen auch alle anderen Ausrüstungsgegenstände des Pferdes genau angepaßt und regelmäßig gepflegt werden.

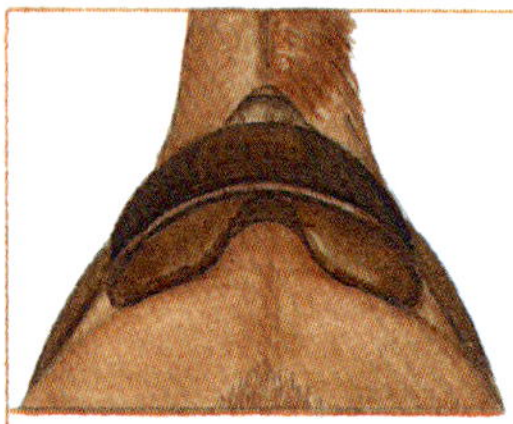

Beim geradestehenden Pferd muß der Sattel genau in der Rückenmitte liegen.

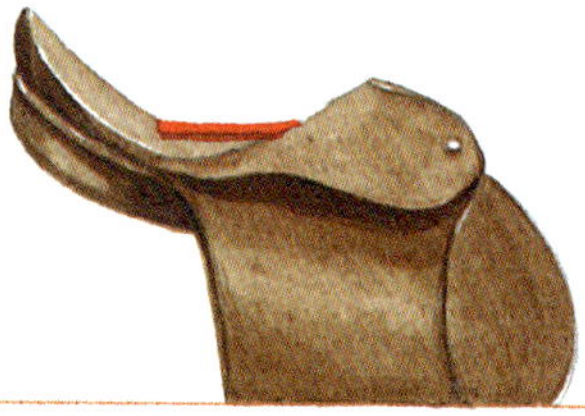

Die Sitzfläche muß waagerecht sein.

Von vorn betrachtet muß der Sattelbaum in der Weite genau zur Widerristform des Pferdes passen und darf nicht aufliegen.

Homöopathie

Die Homöopathie ist eine Heilmethode mit dem Grundsatz Ähnliches wird durch Ähnliches geheilt. Dazu werden pflanzliche, mineralische und zum Teil auch tierische Substanzen verwendet, die potenziert, d.h. extrem verdünnt und geschüttelt werden. Begründet wurde diese Heilmethode 1796 von dem deutschen Arzt Dr. Samuel Hahnemann, der entdeckte, daß ein Stoff, der bei einem Gesunden gewisse Krankheitssymptome auslöst, einen Kranken mit denselben Symptomen heilen kann.

Pflanzliche Stoffe zum Beispiel werden gewöhnlich in Alkohol gelöst, gefiltert und dann noch mehrmals verdünnt, in der Regel zwischen sechs- und dreißigmal. Jede neue Verdünnung in der Potenz von 1:10 wird heftig geschüttelt, und diese „Verschüttelungen" bezeichnet man entsprechend ihrer Wirkstoffkonzentration zum Beispiel als D6 oder D30.

Homöopathische Mittel wirken sicher, wenn sie nach dem Ähnlichkeitsprinzip gegeben werden. Sie sind frei von schädlichen Nebenwirkungen, können allerdings bei bereits länger bestehenden Krankheiten eine sogenannte „Erst-Verschlimmerung" auslösen, der nach kurzer Zeit eine Besserung folgen muß. Sie können auch tragenden und säugenden Stuten bedenkenlos verabreicht werden.

Um die Wirksamkeit der Mittel zu erhalten, sollten sie in Glasflaschen abgefüllt in einem kühlen Raum im Dunklen aufbewahrt werden. Stoffe mit starkem Eigengeruch sollten nicht in ihrer unmittelbaren Nähe gelagert werden. Homöopathische Mittel gibt es als Tabletten, Kügelchen oder Tropfen. Alle werden über das Maul verabreicht; dabei sollten sie nicht mit der Hand des Behandlers in Berührung kommen, weil dies die Wirksamkeit mindern könnte. **Die Mittel dürfen nicht zusammen mit dem Kraftfutter gegeben werden**. Die Dosierung ist nicht vom Körpergewicht des Pferdes abhängig. Als durchschnittliche Dosis werden jeweils entweder vier Tabletten, 10 bis 15 Kügelchen oder zehn Tropfen Flüssigkeit empfohlen.

Das Mittel kann von einem gefalteten Stück Papier, auf einem kleinen Stück Brot oder in einem halben Apfel gegeben werden.

KRÄUTER

Pferde sprechen auf Heilkräuter gut an, und viele Leute sind der Meinung, daß wildlebende Pferde sich bei entsprechendem Angebot selbst die Kräuter suchen, die ihnen guttun. Das ist natürlich schwer zu beweisen, doch Pferde sind zweifellos sehr instinktsichere und empfindsame Tiere. Allein aus diesem Grund sind die modernen „Einheitsweiden" zu verurteilen, auf denen nur ein oder zwei Grassorten wachsen und die zudem mit Kunstdünger hochgetrieben werden, wodurch der Mineralhaushalt und das Bodenleben aus dem Gleichgewicht geraten.

Alle Kräuter setzen sich aus einem Komplex mineralischer und organischer Bestandteile zusammen, unter denen es einige gibt, deren medizinische Wirkung bereits nachgewiesen ist. Sie sind jedoch nur Teil eines ganzen medizinisch wertvollen Krauts, bei dem jeder Bestandteil eine wichtige Rolle spielt. Aus diesem Grund sollten keine Pflanzenauszüge verwendet werden, die nur einen Wirkstoff eines Heilkrauts enthalten: Stets das ganze Kraut verabreichen.

Heilkräuter werden in mehrere Kategorien eingeteilt. Zu ihnen gehören Mittel zur Umstimmung der gestörten Körperfunktionen, zusammenziehende Mittel, Bitterstoffe, die den Magen anregen, Entzündungshemmer, die innerlich und äußerlich wirken, und Mittel, die die Wundheilung beschleunigen.

Um den gewünschten medizinischen Effekt zu erzielen, können Heilkräuter dieser Kategorien entweder einzeln oder in beliebigen Kombinationen verabreicht werden. Eine ausgewogene Heilkräutermischung herzustellen, ist eine Kunst, doch Kräuter können grundsätzlich begleitend zu jeder anderen Therapieform eingesetzt werden, bei homöopathischer Behandlung sollten die angesetzten Kräuter allerdings keinen zu hohen Gehalt an ätherischen Ölen haben (nicht riechen) und nicht zeitgleich mit Homöopathie gegeben werden.

Die Menge der benötigten Kräuter schwankt stark, doch die Dosierung ist von

großer Wichtigkeit. Eine geringfügige Über- oder Unterdosierung ist bei den im Text erwähnten Kräutern unschädlich, doch in der Regel sollten fünf bis dreißig Gramm getrocknete Kräuter verabreicht werden.

Vorsicht beim Kräutereinkauf aus unbekannter Quelle oder von Laien. Manche Kräuter können gefährlich sein, vor allem, wenn sie regelmäßig gefüttert werden.

Andere Naturheilverfahren

Bachblüten
Edward Bach entwickelte diese Naturheilmethode in den dreißiger Jahren. Er legte Blüten in eine Mischung aus Alkohol und Wasser und setzte sie dann starkem Sonnenlicht aus. Die Bachblüten beeinflussen körperliche Probleme über den Geist und werden anhand von psychologischen Untersuchungen und Verhaltensstudien ausgewählt. Sie können eine starke Wirkung haben, was bei den Notfalltropfen, einem Kombinationspräparat, besonders deutlich wird. Man verabreicht sie in Streßsituationen jeder Art, und sie haben eine außerordentlich beruhigende und heilende Wirkung. Ingesamt gibt es achtunddreißig Bachblütenpräparate. Sie werden über das Maul eingegeben; die gebräuchlichste Dosierung beträgt zehn Tropfen.

Biochemie
Im neunzehnten Jahrhundert erbrachte Dr. Schüßler den Beweis für seine Theorie, daß Krankheiten durch ein biochemisches Ungleichgewicht sowohl in den Zellen als auch in der Körperflüssigkeit ausgelöst werden. Er arbeitete mit zwölf Mineralsalzen, die das Gleichgewicht wiederherstellen und entweder einzeln oder als Kombinationspräparate verabreicht werden. Wie die homöopathischen Mittel werden auch sie potenziert (verdünnt) angewendet - gewöhnlich in einer Potenz von eins bis sechs. Sie müssen ebenso sorgfältig verabreicht werden wie homöopathische Mittel und werden ebenfalls über das Maul eingegeben.

Ätherische Öle
Diese Öle werden schon seit Tausenden von Jahren aus Pflanzen gewonnen und sind wirksame Arzneien. Man verwendet sie zum Massieren und Inhalieren und hat mit ihnen ein vielseitiges Heilmittel. Ihr Einsatz ist untrennbar mit der Kräuterheilkunde verbunden, doch sie werden hier extra erwähnt, weil sie verschiedene Wirkstoffkombinationen aus mehreren Heilpflanzen enthalten können und anders angewendet werden. Sie sind relativ sicher in der Anwendung, doch bei manchen ist Vorsicht geboten, vor allem bei tragenden Stuten. Beim Massieren darauf achten, daß die Haut nicht mit zu scharfen Ölen verätzt und nicht zu lange oder zu heftig massiert wird. Wie bei Kräutern ist auch hier auf eine Wechselwirkung mit homöopathischen Mitteln zu achten. Ätherische Öle können die Wirkung von diesen löschen.

Magnetfeldtherapie
Relativ neu auf dem Markt sind kleine Magneten, die auf Verletzungen aufgelegt werden und durch die Anregung des körpereigenen Magnetfeldes die Heilung fördern.

MAGNETFELD-THERAPIE

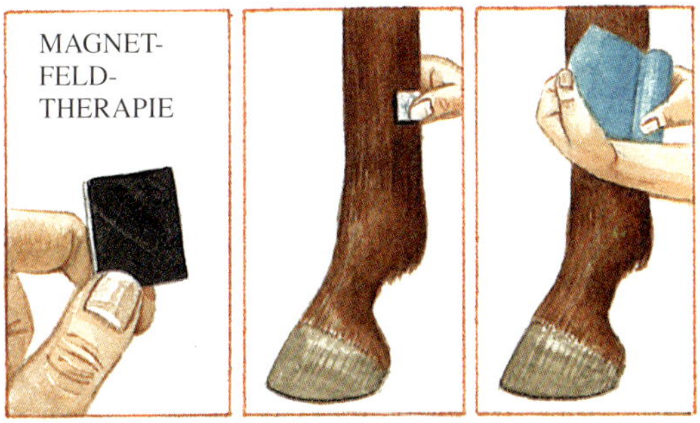

Erste Hilfe bei Verletzungen

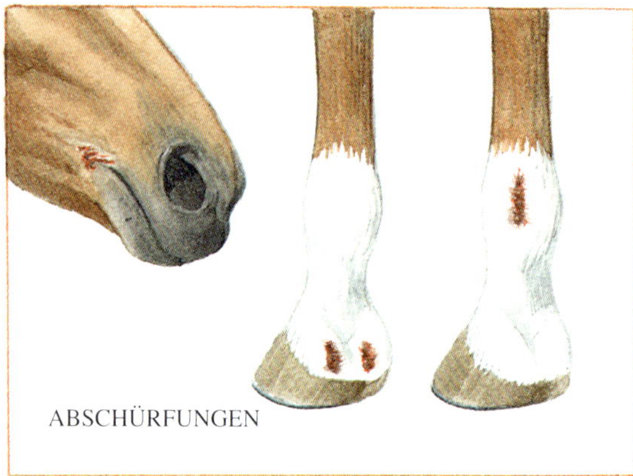

ABSCHÜRFUNGEN

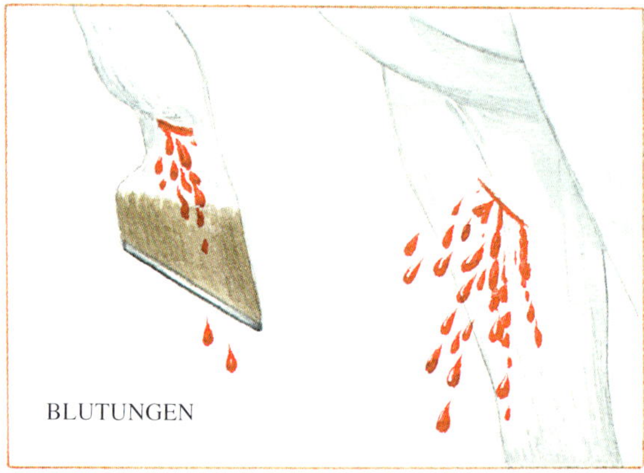

BLUTUNGEN

Bei allen Verletzungen muß zunächst abgewogen werden, ob der Tierarzt gebraucht wird. Wenn dies der Fall ist, können gezielte Erste-Hilfe-Maßnahmen den Schaden begrenzen und die Heilung beschleunigen. (So verhindert zum Beispiel die sofortige und konsequente Anwendung von homöopathischen Mitteln die gefürchtete Bildung von wildem Fleisch und Wundinfektionen.)

Bei Schockzuständen
- *Homöopathie*: Aconitum D 30 *und*
- *Bachblüten*: Notfalltropfen *oder*
- *Ätherische Öle*: Kampfer (löscht Aconit.) *oder* Melisse (zum Inhalieren)

Bei Abschürfungen
- *Homöopathie*: Hypericum- und Calendula-Salbe in einem Verhältnis von 1:10 auftragen

Bei Prellungen
- *Homöopathie*: Arnika D30 innerlich, Arnika-Salbe äußerlich sofern die Haut nicht verletzt ist *oder*
- *Ätherische Öle*: Ysop (sanft massieren)

Bei Schnittwunden
- *Homöopathie*: Staphysagria D30 innerlich , Hypericum und Calendula-Salbe in einem Verhältnis von 1:10 auftragen.

Bei Knochenverletzungen
- *Homöopathie*: Arnika D30, Symphytum D30
- *Kräuter*: Beinwell

RINGELBLUME JOHANNISKRAUT BEINWELL ARNIKA

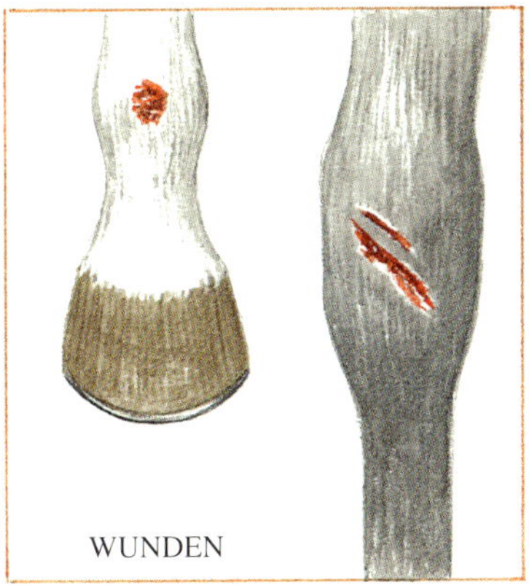
WUNDEN

STICHWUNDE IN DER SOHLE

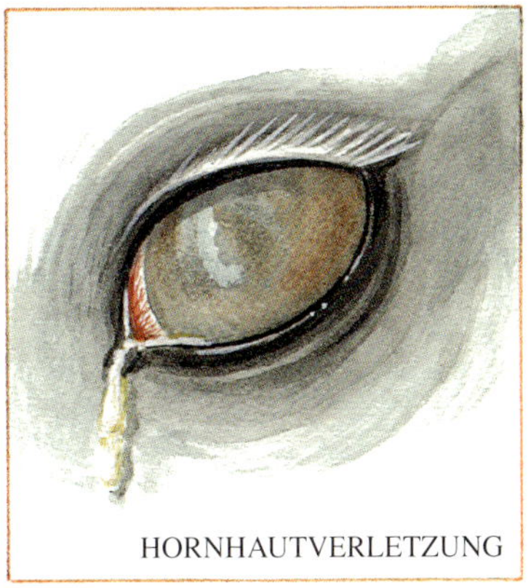
HORNHAUTVERLETZUNG

Bei Stichwunden
(z.B. Nageltritt; Vorsicht: Tetanusgefahr)
- *Homöopathie*: Ledum D30 als Erste-Hilfe-Maßnahme. Bei Stichwunden muß der Tierarzt im Huf zuerst den Einstich erweitern, damit das Wundsekret abfließen kann (siehe Abszeß), dann Hypericum- und Calendula-Salbe in einem Verhältnis von 1:10 auftragen.

Bei Verstauchungen
- *Homöopathie*: Ruta D6, dreimal täglich
- *Kräuter*: Beinwell *oder*
- *Ätherische Öle*: Eukalyptus, Lavendel und Rosmarin (zur Massage)

Bei Ödemen
- *Homöopathie*: Apis mellifica D30
- *Biochemie*: Natriumchlorid, Natriumsulfat

Bei Blutungen
- *Homöopathie*: Phosphorus D30, Hamamelis D12 oder Crotalus D30
- *Kräuter*: Schafgarbe
- *Ätherische Öle*: Zypresse oder Pelargonie (zum Inhalieren)

Bei Hornhautverletzungen
- *Homöopathie*: Mercurius corrosivus D30 Als Augentropfen: Euphrasia-Tinktur; zwei Tropfen auf einen Eierbecher voll abgekochtes und wieder abgekühltes Wasser.

KLAPPERSCHLANGE
Quelle des Wirkstoffes Crotalus

SCHAFGARBE

ROSMARIN

Abszess

Abszesse bilden sich in tiefen, verschmutzten Wunden. Die Behandlung ist grundsätzlich dieselbe, ob es sich nun um einen Hufabszeß oder einen Abszeß in einem anderen Bereich der Körperoberfläche handelt.

Durch den Abszeß versucht der Körper, das fremde Material zu entfernen, und es sollte nichts unversucht bleiben, ihn in diesem Bestreben zu unterstützen.

Bei einem Hufabszeß muß das Horn an der erkrankten Stelle vom Schmied so weit ausgeschnitten werden, daß der Eiter ablaufen kann. Fußbäder mit einer starken warmen Kochsalz oder Epsomer Bittersalz-Lösung, bringen einen Hufabszeß schneller zur Reifung.

Eine andere Lösung ist ein Breiumschlag, für den aufgeweichtes Brot, feuchte Weizenkleie, Stärkemehl oder Kaolin verwendet werden können. Mit Glyzerin vermischtes Magnesiumsulfatpulver eignet sich ebenfalls sehr gut für einen Umschlag. Diese Umschläge dürfen nicht zu lange am Huf belassen werden.

- *Homöopathie*: Hepar sulfuris D8 im Frühstadium, drei- bis viermal täglich; später einmal am Tag, Silicea D12, um den Abszeß zum Aufbrechen zu bringen oder falls der Eiter nicht zügig abfließt; für einen vereiterten Zahn ist Mercurius solubilis D30 besser geeignet.
- *Kräuter*: Beinwell oder Ulmen-Blätter als Umschlag. Innerlich: Echinacea
- *Ätherische Öle*: Bergamottöl (zum Einreiben)
- *Biochemie*: Silicea

(Vorsicht: Antibiotika können die Wirkung der Naturheilmittel zunichte machen, jedoch bleibt es die Entscheidung des Tierarztes, ob darauf verzichtet werden kann.)

Allergien (wie Nesselfieber)

Siehe auch **Husten**

Wenn ein Pferd plötzlich an der ganzen Körperoberfläche Schwellungen bekommt, leidet es an einer allergischen Reaktion. Die Ursache für dieses Nesselfieber kann eine Futterumstellung sein, aber auch plötzliche Veränderungen der Darmflora oder eine allergische Reaktion auf Insektenstiche.
Der Zustand sieht erschreckend aus, zumal auch Schwellungen des Kopfes auftreten können.

- *Homöopathie*: Apis mellifica D30, wenn das Pferd die Kühlung des Ausschlags vorzuziehen scheint; Urtica D12, wenn es die wärmende Behandlung bevorzugt.
- *Kräuter*: Klette, Labkraut und Löwenzahn
- *Biochemie*: Natriumsulfat

Die Schwellungen sind rund oder hufeisenförmig

Arthritis

Arthritis bedeutet Gelenkentzündung. Sie kann akut oder chronisch sein und an jedem Gelenk der Beine auftreten. In den meisten Fällen ist neben der medizinischen Behandlung leichte Bewegung angebracht. **Eine ausgewogene Fütterung ist von entscheidender Bedeutung.** Die hier genannten Naturheilmittel haben eine günstige Wirkung auf Probleme wie Spat, Schale und alle anderen Gelenkbeschwerden. Hufprobleme sind auf den Seiten 17 bis 18 beschrieben. Vielfach kommt es zu Arthritis, wenn ein unpassender Sattel verwendet wird, weil er langfristig dem Pferd einen unnatürlichen Bewegungsablauf aufzwingt (siehe Rückenprobleme, Seite 14). Auf die korrekte Sattelung ist daher besonders zu achten.

- *Homöopathie*: Rhus toxicodendron D30, wenn die Lahmheit bei feuchtkaltem Wetter schlimmer wird und wenn das Pferd sich einläuft und sich das Massieren der Gelenke gefallen läßt.

  Ruta D6 eignet sich besser für überanstrengte Gelenke. Dabei verlagert das Pferd häufig sein Gewicht und läßt eine Gelenkmassage nicht zu. Bryonia D6, wenn die Lahmheit durch Stehenlassen besser wird und das Pferd bewegungsunwillig ist. Die Gelenke sind dabei heiß und schmerzhaft. Hekla Lava D8 (muß über längere Zeit gegeben werden) bei Knochenneubildungen an den Gelenken.
- *Kräuter*: Beinwell, Ackerhahnenfuß, Klette, Labkraut, Löwenzahn und Brennessel
- *Biochemie*: Eisenphosphat oder Magnesiumphosphat bei Muskelverspannungen. Kalziumphosphat und Natriumphosphat bei Steifheit. Natriumchlorid, wenn die Gelenke knirschen.
- Ätherische Öle: Massieren mit Kamille, Lavendel und Ysop

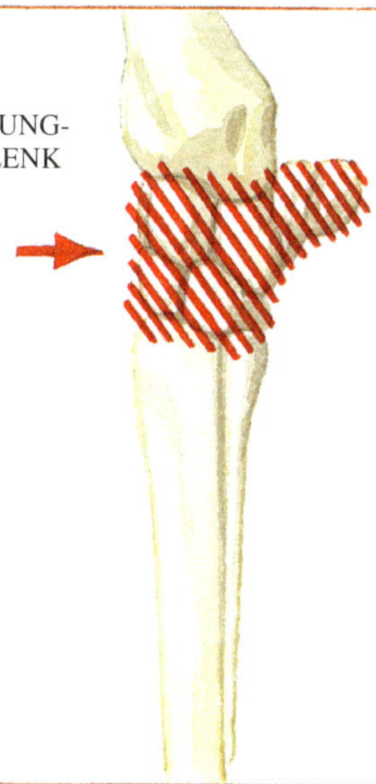

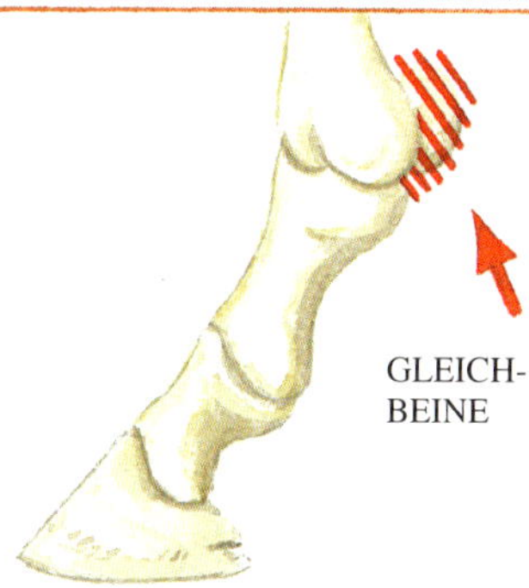

Schale ist eine Knochenneubildung am Fesselgelenk

LÖWENZAHN

BRENN-
NESSEL

GIFTSUMACH
Quelle von Rhus tox.

Rückenprobleme

Rückenprobleme kommen bei Pferden relativ häufig vor und müssen ernst genommen werden.

Der Sitz des Reiters und des Sattels sowie die Reitweise können ebenso eine Bedrohung für die Wirbelsäule des Pferdes darstellen wie sein Hufbeschlag und der Zustand seiner Zähne.

Neben der Physiotherapie, die nur ein erfahrener Praktiker durchführen sollte, können folgende Naturheilmittel helfen:

- *Homöopathie*: Rhus toxicodendron D30, Ruta graveolens D6, Arnika D30 einzeln oder zusammen.
- *Kräuter*: Beinwell *oder*
- *Ätherische Öle*: Massieren mit Lavendel, Rosmarin, Eukalyptus und Ysop.
- *Biochemie*: eine Mischung aus Magnesiumphosphat, Natriumphosphat, Kaliumphosphat und Natriumsulfat

Andere Therapieformen

Laser- und Ultraschalltherapie können bei Rückenproblemen helfen. Sie dürfen jedoch nur von einem erfahrenen Heilpraktiker oder Tierarzt angewendet werden und unterstützen die Heilung.

Akupunktur, die ebenfalls nur der Fachmann durchführen darf, kann ein wichtiger Bestandteil der Therapie sein.

Massage kann auch der Pferdehalter durchführen. Die meisten Pferde zeigen deutlich, was ihnen gefällt und was nicht, und die richtige Technik lernt man schnell. Nur die Muskeln massieren (knochige Teile vermeiden) und stets in Richtung Herz arbeiten.

Magneten können einen positiven Einfluß auf den schmerzenden Rücken haben.

Der Heilpraktiker bei der Physiotherapie.

ARNIKA

ROSMARIN

LAVENDEL

Immer in Richtung des Muskelverlaufs und auf das Herz zu massieren.

Kolik

Eine Kolik kann das Leben des Pferdes bedrohen; sie muß grundsätzlich vom Tierarzt behandelt werden. Bis zu seinem Eintreffen kann jedoch mit Naturheilmitteln Erste Hilfe geleistet werden. Darauf achten, daß Zähne und Fütterung in Ordnung sind und daß das Pferd nicht unter Wurmbefall leidet, damit es nicht immer wieder zu Koliken kommt.

- *Homöopathie*: Carbo vegetabilis D12 bei schmerzhafter Gaskolik;
  Colocynthis/Nux vomica D6 bei der Krampfkolik
- *Kräuter*: Engelwurz, Pfefferminze, Kamille und Baldrian helfen, wenn das Pferd noch frißt.
- *Biochemie*: Magnesiumphosphat
- *Bachblüten*: Notfalltropfen *oder*
- *Ätherische Öle*: Lavendel wirkt beruhigend; Kamille und Bergamottöl lindern die Krämpfe (durch Inhalation oder Auftragen auf die Akupressur-Punkte).

AKUPRESSUR-PUNKTE

Das Massieren dieser Punkte trägt zur Schmerzlinderung bei. Dazu können Öle verwendet werden.

Husten

Husten kann viele Ursachen haben, doch die beiden wichtigsten sind Allergien und Infektionen, denen auf verschiedene Art vorgebeugt werden kann. Zu den vorbeugenden Maßnahmen zählt zum Beispiel die Schutzimpfung gegen Influenza und andere Atemwegserkrankungen. Die Wirkung dieser Impfungen ist umstritten, doch für Turnierpferde sind sie vorgeschrieben.

- *Homöopathie*: Drosera D6 bei tiefem, hartem Husten; Bryonia D6, wenn der Husten in der Bewegung schlimmer wird und das Pferd stärkeren Durst zeigt; Nux vomica D6, wenn der Husten morgens und an der frischen Luft schlimmer wird; Pulsatilla D6 bei Husten mit grünlich-gelbem Nasenausfluß, der an der frischen Luft besser wird; Ipecacuanha D6 bei Krampfhusten; Arsenicum D30 bei Husten, begleitet von Unruhe, Durst und einem trockenen Maul.
- *Kräuter*: Sonnenhut, Königskerze und Sonnentau
- *Biochemie*: Eisenphosphat im Anfangsstadium; Magnesiumphosphat bei Hustenanfällen; Kaliumsulfat bei gelblichem Nasenausfluß und wenn sich der Husten im Freien bessert; Silicea bei chronischem Husten *oder*
- *Ätherische Öle*: Eukalyptus, Zimt, Jasmin und Pfefferminze (zum Inhalieren)

DURCHFALL

Ernährung und Qualität der Weide überprüfen und auch an Wurmbefall denken. Bei anhaltendem Durchfall muß der Tierarzt gerufen werden.

- *Homöopathie*: Arsenicum D30 bei Durst, Unruhe, beginnender Austrocknung und trockenem Maul; Mercurius solubilis D30 bei feuchtem Maul und gesteigertem Durst; Nux vomica D6, wenn das Pferd sich überfressen hat; Colchicum D12, wenn das Gras zu üppig/naß ist; China D12 nach schwächenden Durchfällen.
- *Kräuter*: Odermennig, Beinwell, Storchschnabel und Mädesüß
- *Biochemie*: Eisenphosphat bei plötzlichem Auftreten; Natriumsulfat bei dunkelgrünem Kot; Kaliumphosphat bei Schwäche mit übelriechendem Kot; Kalziumphosphat bei Unterernährung *oder*
- *Ätherische Öle*: Kamille, Pelargonie, Pfefferminze und Sandelholz (zum Inhalieren)

AUSFLUSS

Ausfluß aus Augen oder Nüstern ist meistens ein Anzeichen für eine Infektion der Atemwege oder eine Allergie. Bei Augenausfluß muß von einer erfahrenen Person sichergestellt werden, daß kein Fremdkörper (z.B. ein Grassame) im Auge ist. Das Heu muß von guter Qualität und staubfrei sein und der Stall gut belüftet und frei von Ammoniakdünsten. Chronische Nebenhöhlenentzündungen müssen vomTierarzt behandelt werden.

- *Homöopathie*: Pulsatilla D6 bei grünlich-gelbem Ausfluß, geschwollenen Drüsen, Teilnahmslosigkeit, verringertem Durst und stärkerem Ausfluß am Morgen; Mercurius solubilis D30 bei Durst mit feuchtem Maul, geschwollenen Drüsen und übelriechendem eitrigen Ausfluß; Hepar sulfuris D12 bei eitrigem Ausfluß, Fieber, schmerzhaft geschwollenen Drüsen, Abszeßbildung; Arsenicum D30 bei wäßrigem Ausfluß und Unruhe; Euphrasia, die Tinktur (verdünnt, siehe Seite 11) bei entzündeten Augen mit Ausfluß ins Auge tropfen oder in homöopathischer Potenz innerlich anwenden.
- *Kräuter*: Sonnenhut, Holunder, Knoblauch, Königskerze und Pfefferminze
- *Biochemie*: Kaliumsulfat bei gelblichem Ausfluß; Kaliumchlorid bei dickem, weißen Ausfluß; Natriumchlorid bei Mattigkeit und wäßrigem Ausfluß; Eisenphosphat im Anfangsstadium *oder*
- *Ätherische Öle*: Eukalyptus oder Kampfer zum Inhalieren oder Auftragen auf die Nüstern, jedoch nicht zusammen mit homöopathischer Behandlung; Ysop kann ebenfalls helfen.

AUGENTROST

Hufe

Gesunde Hufe sind von entscheidender Bedeutung für jedes Pferd.
Wenn Probleme auftreten, obwohl Beschlag, Pflege und Fütterung optimal sind, können Naturheilmittel helfen.

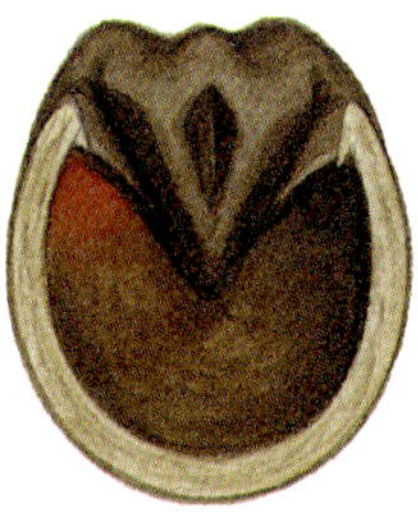

STEINGALLE

STEINGALLE UNTER DEM EISEN

Steingallen

- *Homöopathie*: Arnika D30 innerlich. Hypericum- und Calendulalösung in einer Mischung von 1:3 äußerlich anwenden.
- *Kräuter*: Beinwell *oder*
- *Ätherische Öle*: Eukalyptusöl auftragen

Hornspalten

- *Homöopathie*: Graphites D30, auch bei schlechter Wundheilung; Thuja D12, wenn das Pferd keine Kälte verträgt und zu Warzenbildung neigt.
- *Kräuter*: Klette, Sandkraut, Beinwell und Brennessel

TRAGRANDSPALTE

Schlechte Hornqualität

- *Homöopathie*: Graphites D30, Silicea D30
- *Biochemie*: Silicea
- *Kräuter*: Klette, Sandkraut, Beinwell, Braunwurz und Brennessel

KRONRANDSPALTE

Hufabszeß

- *Homöopathie*: Hepar sulfuris D12 und Ledum D30 im Anfangsstadium; danach Silicea D30, Hufschmied oder Tierarzt müssen das Hufhorn über dem Eiterherd abtragen. (Siehe auch Seite 12)

Hufknorpelverknöcherung und Zwangshufe

Vom Laien nicht zu behandeln, doch Beinwell und Weide können helfen.

SCHLECHTE HORNQUALITÄT

Hufe (Fortsetzung)

Strahlfäule
Gründliches Säubern der Hufe und regelmäßiges Ausschneiden durch den Schmied lassen dieses Problem gar nicht erst auftreten.

- *Homöopathie*: Hepar sulphuris D12, innerlich, wenn der Huf schmerzhaft und warm ist; in jedem Fall aber kann der Huf in einer Hypericum- und Calendula-Lösung im Verhältnis von 1:3 gebadet werden.
- *Kräuter*: Sonnenhut
- *Ätherische Öle*: Eukalyptusöl wirkt vorbeugend, vor allem bei Pferden, die mit Lederplatten beschlagen sind.

Hufrollenerkrankung
Vom Laien nicht zu behandeln, doch Beinwell und Weide können im Anfangsstadium helfen. Bei dieser Erkrankung sind mit ganzheitlicher Behandlung und Naturheilmitteln schon gute Erfolge erzielt worden.

Typische Stellung eines Pferdes mit Hufrollenerkrankung. Die Vorderbeine werden abwechselnd vorgestellt, um sie zu entlasten.

Ein korrekt beschlagener Huf, bei dem der Hufmechanismus nicht behindert ist.

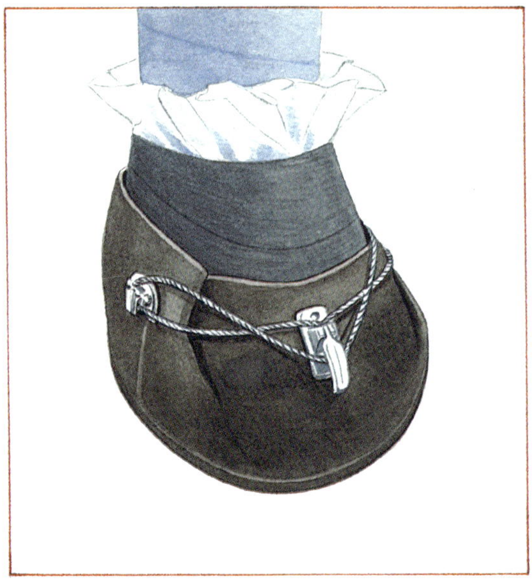

Ein spezieller Krankenschuh sorgt dafür, daß Hufverbände an ihrem Platz bleiben.

Hufrehe

Bei dieser gefährlichen Krankheit sollte der Tierarzt die Auswahl der Naturheilmittel übernehmen. Wichtig ist aber auch die Ernährung. Die Weidezeit muß drastisch eingeschränkt (vor allem auf künstlich gedüngten Weiden), die Kraftfutterration gekürzt und das Pferd überwiegend mit Rauhfutter ernährt werden. Melasse und andere zuckerhaltige Produkte sind aus dem Futterplan zu streichen.

Ein spezieller Hufbeschlag ist in schweren Fällen unerläßlich. Wenn es zur Verformung der Hufe und zur Hufbeinsenkung gekommen ist, gilt das Pferd (vielfach zu Unrecht) als unbrauchbar.

Chirurgische Eingriffe sind zu vermeiden, vorzuziehen sind eine homöopathische Behandlung durch den Tierarzt, die Verfütterung von Kräutern und ein vom Schmied angebrachter Rehebeschlag.

Unverwechselbare Stellung eines an Rehe erkrankten Pferdes

Erste Hilfe bei Hufrehe:
- *Homöopathie*: Belladonna D30
- *Bachblüten*: Notfalltropfen
- *Kräuter*: Weide bei Schmerzen

Bei Verformungen der Hufe:
- *Kräuter*: Beinwell

Fesselekzem / Mauke

Dieses Leiden ist schwer zu behandeln und kann durch eine Allergie gegen Hahnenfuß, zuviel Klee, schlammigen Boden sowie Milben und Pilzbefall ausgelöst werden. In jedem Fall sollte man sich bemühen, die Ursache des Leidens abzustellen.

- *Homöopathie*: Graphites D30 bei Hautrissen und festsitzendem Schorf; Graphites-Salbe kann ebenfalls helfen, Arsenicum D30 bei wunder, haarloser, juckender Haut; Heparsulphuris D12 bei schmerzhaften Schwellungen
- *Kräuter*: äußerlich - Sandkraut, Gelbwurz, Ringelblume; innerlich - Klettenwurzel, Labkraut, Braunwurz, Brennessel
- *Biochemie*: Kaliumsulfat

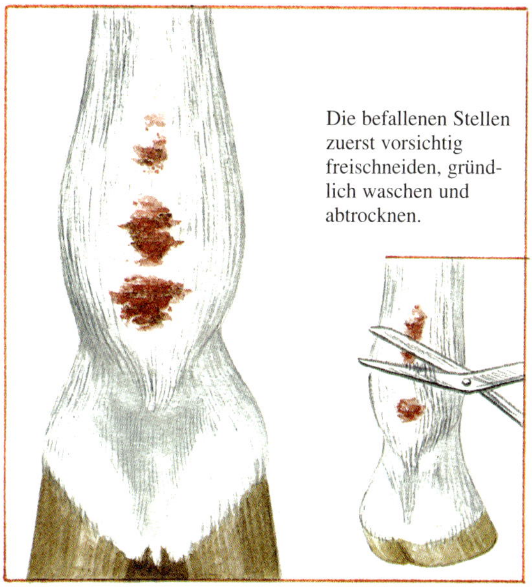

Nervosität und Erregbarkeit

Entweder ist das Pferd von Natur aus sehr temperamentvoll oder die Ursache ist in schlechter Sattelung, zu wenig Bewegung und zuviel Futter zu suchen. Manchmal ist das nervöse Verhalten auch nur eine Reaktion auf einen unangenehmen oder lästigen Reiz von außen.

- *Homöopathie*: Für die Behandlung kommen sehr viele Mittel in Frage. Deshalb ist unbedingt das Gespräch mit dem Therapeuten zu suchen.
- *Kräuter*: Hopfen, Helmkraut oder Baldrian
- *Ätherische Öle*: Basilikum und Lavendel zum Inhalieren
- *Biochemie*: Kaliumphosphat
- *Bachblüten*: Springkraut, Eisenkraut, Scleranthus, Weide, Gauklerblume, Heidekraut oder Cistrose

Hautpilz

Hautpilzbefall bei Pferden ist sehr ansteckend, spricht aber in der Regel gut auf Naturheilmittel an. Hier werden nur einige von ihnen erwähnt. Falls sie nicht helfen, muß der Tierarzt andere auswählen. Vorsicht: einige Pilze befallen auch Menschen. Der beste Schutz sind neben selbstverständlichen Hygienemaßnahmen eine gesunde Haut und ein streßarmes Leben sowie eine vollwertige Ernährung, was für Pferde natürlich genauso gilt wie für den Menschen.

- *Homöopathie*: sollte von einem erfahrenen Homöopathen vorgenommen werden.
- *Biochemie*: Kaliumsulfat
- *Kräuter*: Sonnenhut, Labkraut und Grindwurzel
- *Ätherische Öle*: Pelargonie und Pfefferminze zum Inhalieren

Anzeichen für einen Pilzbefall sind haarlose oder schuppige Stellen sowie ein stumpfes Fell.

Satteldruck

Verursacht werden Druckstellen auf dem Rücken durch schlecht passende Sättel, Sattelunterlagen oder Stalldecken. Natürlich muß zunächst die Ursache abgestellt werden. Sättel, die solche Probleme verursachen, sollten nicht länger verwendet werden.

Einige Mittel, die zur Heilung beitragen:

- *Homöopathie*: Arnika D30, innerlich; Hypericum D30 bei starken Schmerzen; Arnika-Salbe, wenn keine offene Wunde vorliegt; Hypericum- und Calendula-Salbe im Verhältnis von 1:10 bei offenen Wunden.
- *Ätherische Öle*: Wenn keine offene Wunde vorliegt, Lavendel und Rosmarin auftragen.
- *Kräuter*: Beinwell, innerlich und als Salbe
- *Biochemie*: Natriumchlorid und Kalziumsulfat

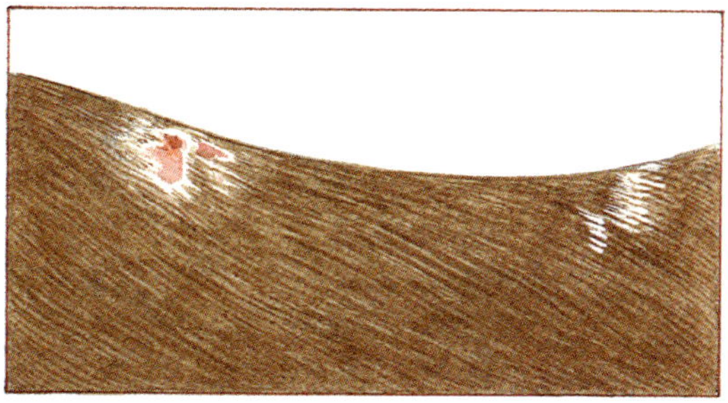

Überbein

Dieses Problem tritt gewöhnlich nur bei Pferden bis zum Alter von sieben oder acht Jahren auf. Es handelt sich dabei um Entzündungen der Griffelbeine, die auf beiden Seiten des Röhrbeines liegen. Gewöhnlich ist nur die Innenseite betroffen. Obwohl die Pferde stark lahmen, entsteht meistens kein bleibender Schaden. Oft bleibt jedoch eine knöcherne Schwellung - ein Überbein - zurück. Manchmal kommt es auch zum Bruch des Griffelbeins, was nur durch Röntgen nachzuweisen ist. Die Behandlung bei einem Bruch ist fast dieselbe.

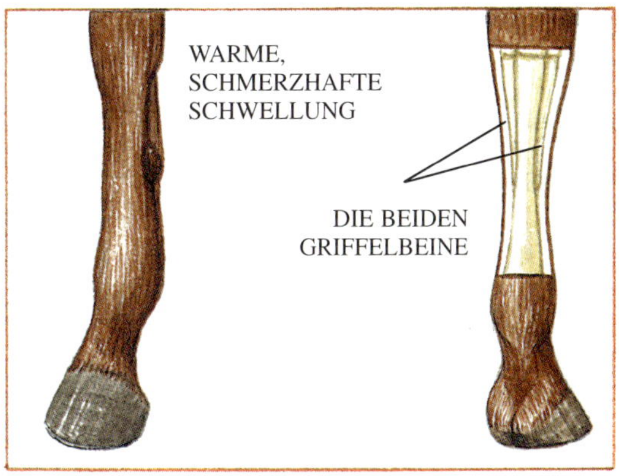

- *Homöopathie*: Arnika D30/Ruta D6 im Anfangsstadium; später Symphytum D30/ Hekla lava D8
- *Kräuter*: Beinwell innerlich oder als Salbe/Salbenverband
- *Biochemie*: Kalziumphosphat, Natriumphosphat, Magnesiumphosphat *oder*
- *Ätherische Öle*: Massieren mit Eukalyptus, Lavendel und Rosmarin
- *Magneten* können auf den verletzten Bereich gelegt werden.

Verletzungen der Sehnen und Bänder

Sehnen-, und Bänderzerrungen gehen mit deutlicher Lahmheit einher. Die Pferde sollten nicht mehr geritten, sondern nur noch im Schritt geführt werden, bis die Verletzung geheilt ist. Der Sinn der Boxenruhe bei einer solchen Verletzung ist umstritten, der Autor dieses Buches hält sie nur in seltenen Ausnahmefällen für angebracht. Mögliche Auslöser für Sehnen- und Bänderzerrungen sind Rückenprobleme, ein unpassender Sattel, schlechte Zähne sowie unvernünftiges Reiten, ungeeigneter Hufbeschlag und Verletzungen.

Sehnen und Bänder

- *Homöopathie*: Arnika D30 im Anfangsstadium; Ruta D6 in allen Stadien.
- *Kräuter*: Beinwell *oder*
- *Ätherische Öle*: Massieren mit Kamille, Kampfer, Eukalyptus, Lavendel und Rosmarin
- *Magneten* können auf die verletzten Stellen aufgelegt werden.
- *Laser*: Im Anfangsstadium können regelmäßige Laserbestrahlungen hilfreich sein.

Muskelzerrungen/Muskelschäden

Im Prinzip werden Muskelverletzungen genauso behandelt wie Sehnenschäden. Folgende Mittel können die Heilung beschleunigen:

- *Homöopathie*: Rhus toxicodendron D30 und Arnika D30
- *Kräuter*: Beinwell
- *Biochemie*: Natriumphosphat und Natriumsulfat *oder*
- *Ätherische Öle*: Massieren mit Bergamottöl, Eukalyptus, Lavendel und Rosmarin

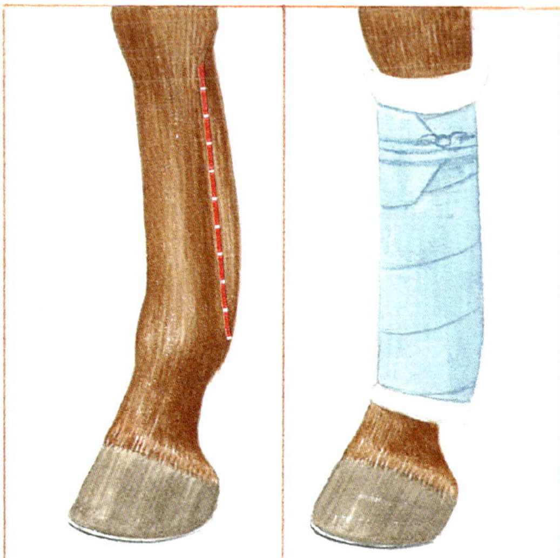

SEHNENSCHADEN

Stützbandagen dürfen nie zu stramm gewickelt werden.

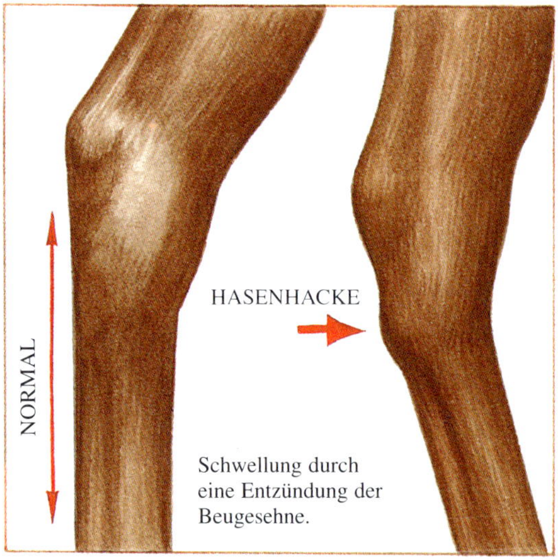

Schwellung durch eine Entzündung der Beugesehne.

Sommerekzem

Diese allergische Erkrankung tritt vorwiegend bei Ponys auf und entsteht durch ein Zusammenwirken verschiedener Ursachen, die sich jedoch nicht bei jedem Tier genau definieren lassen.

Grundsätzlich spielen Sonneneinstrahlung, Mücken und die Eiweißzufuhr über das Gras eine Rolle. Falls die hier empfohlenen Mittel nicht zum Erfolg führen, sollte der Tierarzt hinzugezogen werden.

- *Homöopathie*: Graphites D30; Einreiben mit Hypericum- und Calendula-Salbe in einem Verhältnis von 1:10, Cardiospermium D3 über längere Zeit.
- *Kräuter*: Labkraut, Sonnenhut, Brennessel
- *Biochemie*: Natriumchlorid, Kaliumsulfat und Kalziumfluorid
- *Ätherische Öle*: Bergamottöl, Kamille, Pelargonie, Ysop und Lavendel

KRIEBELMÜCKE (1 - 3 mm lang)

Öle zur Mückenabwehr: Zedernholz, Sandelholz, Poleiminze, Katzenminze, Citronelle und Lavendel.

Gallen

Diese unansehnlichen Schwellungen oberhalb des Fesselkopfes führen nicht immer zur Lahmheit, doch sie sind Anzeichen für ein anderes Problem, wie etwa eine falsche Ernährung, Beschlagfehler oder Sattelung oder einen geringgradigen chronischen Gelenkschaden. Die Folge ist eine übermäßige Produktion von Gelenkflüssigkeit.

Die Fütterung muß umgestellt werden auf reine Naturprodukte ohne jegliche Zuckerrückstände. Auch ein korrekter Hufbeschlag ist wichtig. Meistens treten die Schwellungen im Stall auf; bei regelmäßiger Bewegung verringern sie sich.

- *Homöopathie*: Apis mellifica D30, Ruta graveolens D6, Bryonia D6, Rhus toxicodendron D30
- *Kräuter*: Löwenzahn, Mariendistel, Labkraut
- *Biochemie*: Natriumchlorid *oder*
- *Ätherische Öle*: Massieren mit Eukalyptus, Wacholder, Patschulio und Rosmarin

HONIGBIENE
Quelle von Apis Mel.

RAUTE (RUTA GRAVEOLENS)

Dosierung und Anwendung

Immer den Tierarzt rufen, wenn sich keine schnelle Besserung einstellt.

Homöopathie
D6 ist die am häufigsten verwendete Potenz, gefolgt von D12 und D30. Die D6 am besten dreimal täglich, D12 zweimal täglich und D30 einmal täglich, bis sich eine Besserung einstellt. Alle Mittel, mit Ausnahme der Salben, werden über das Maul eingegeben. Trockene Mittel verabreicht man von einem gefalteten Stück Papier oder auf einem kleinen Stück Brot oder Apfel; flüssige Mittel werden mit einer Spritze ins Maul gegeben oder auf ein Apfelstück getropft. Kombinationen homöopathischer Mittel sind möglich, doch dabei verringert sich die Wirkung. Die Mittel nicht mit den Fingern berühren. Wenn eine deutliche Besserung eintritt, mit der Gabe aufhören.

Kräuter
Kräuter werden entweder getrocknet oder als Pulver gegeben. Für die äußerliche Anwendung gibt es Tinkturen. Man füttert am besten einmal täglich etwa 20g; manchmal ist aber auch eine kleinere oder größere Menge nötig. Über einen längeren Zeitraum sollten Kräuter jedoch nur auf den Rat des Tierarztes gegeben werden. Immer darauf achten, daß sie aus einer vertrauenswürdigen Quelle stammen und mit einem korrekten Etikett versehen sind. Kräuter gibt man am besten mit dem Kraftfutter.

Biochemie
Täglich zwei Tabletten, bis sich eine Besserung zeigt. Wie homöopathische Mittel sollten auch diese Tabletten nicht mit den Fingern berührt werden.

Bachblüten
Sie sind flüssig und können mit der Pipette ins Maul gegeben werden, wobei diese aber nicht mit Speichel oder Futterresten in Berührung kommen sollte. Zweimal täglich eingeben, bis eine Besserung eintritt.

Ätherische Öle
Sie haben einen starken Eigengeruch und sollten nicht zusammen mit homöopathischen Mitteln, Salzen und Bachblüten aufbewahrt werden. Zum Massieren gibt man ein paar Tropfen in einen Trägerstoff wie etwa Mandelöl. Zum Inhalieren eignet sich eine spezielle Inhaliermaske, ein Wasserkocher (Vorsicht mit dem Kabel), man kann aber auch einen Tropfen Öl auf die Nüstern geben. Zur Behandlung von Körperstellen wird etwas Öl mit der Fingerspitze aufgetupft. Das Öl wird zweimal täglich angewendet, bis sich eine Besserung zeigt.